AF259663

DISCOURS

PRONONCÉ

DANS LE TEMPLE DES CHRÉTIENS

DE LA CONFESSION D'AUGSBOURG,

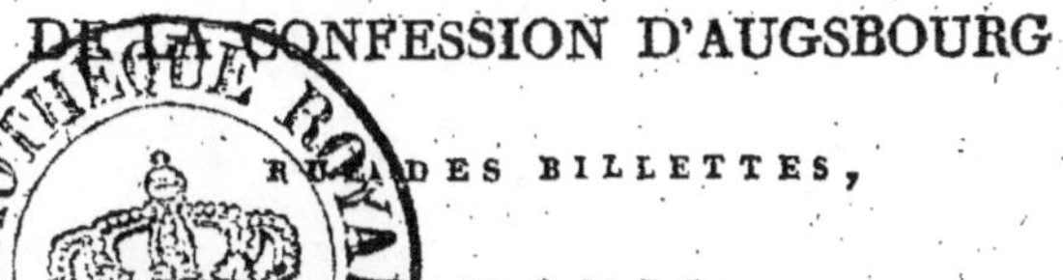

DES BILLETTES,

À PARIS,

LE 15 AOUT 1811, JOUR ANNIVERSAIRE

DE LA NAISSANCE

DE

S. M. L'EMPEREUR,

Par G. D. F. Boissard,

L'UN DES PASTEURS DE LA DITE ÉGLISE.

Imprimé par délibération du Consistoire.

PARIS,

DE L'IMPRIMERIE DE L. HAUSSMANN,
rue de la Harpe, N°. 80.

1811.

DISCOURS

PRONONCÉ

DANS LE TEMPLE DES CHRÉTIENS

DE LA CONFESSION D'AUGSBOURG,

A PARIS,

LE 15 AOUT 1811.

Texte 1. *Tim. II*, 1, 2, 3. J'exhorte qu'avant toutes choses on fasse des prières, des supplications et des actions de graces pour tous les hommes, pour les Rois et pour les personnes constituées en dignité, afin que nous menions une vie paisible et tranquille en toute piété et honnêteté.

BIEN-AIMÉS EN JÉSUS-CHRIST,

J'EXHORTE qu'avant toutes choses, on fasse des prières, des supplications et des actions de graces pour tous les hommes, pour les Rois et pour les personnes constituées en dignité, afin que nous menions une vie paisible et tranquille en toute piété et honnêteté : Tel fut l'ordre de l'Apôtre dans ces jours de deuil et de larmes, où l'Église n'avoit d'autre moyen de consolation, que cette piété sincère qui rapporte tout avec confiance aux directions du Très-Haut, cette tendre charité qui allège le fardeau des souffrances en le partageant, cette exacte observation des vertus chrétiennes, qui, tôt ou tard, surmonte les préjugés et les préventions, et gagne l'estime et l'admiration universelles.

Ces sentimens de piété ne peuvent être trop vifs dans le cœur du fidèle; les moyens qui servent à les exprimer, doivent toujours tendre à en augmenter l'énergie, et c'est pour parvenir à ce but, que l'Apôtre recommande aux Chrétiens d'en réunir les expressions dans l'acte sacré de la prière. Saint-Paul connoissoit tout le prix de ces saintes communications, que de fréquens exercices de dévotion établissent entre Dieu et l'ame pénétrée de l'idée de son auguste présence; il savoit à quel point peut s'élever la ferveur des émotions que notre cœur éprouve, lorsque nous les offrons en hommage au meilleur des pères; à quel degré notre charité peut s'enflammer, lorsque nous resserrons, au pied des autels du Seigneur, les nœuds qui nous unissent à nos semblables; sous quel imposant aspect nos devoirs se présentent à nous, lorsqu'humiliés devant la face du Très-Haut, nous

reconnoissons notre dépendance et sa grandeur, notre foiblesse et sa majesté.

Ces moyens d'élever et de perfectionner
nos sentimens religieux, pourrions-nous, mes
Frères, les envisager avec indifférence, dans
les heureuses circonstances où se trouve actuellement l'église de Jésus-Christ? La récon-
noissance que nous devons témoigner à notre
Dieu, ne nous engage-t-elle pas, d'une manière d'autant plus pressante, qu'il a répandu
ses bienfaits en plus grand nombre sur nous,
à lui offrir nos vœux avec une vive ardeur,
avec une profonde humilité? En ces momens
surtout où, d'après les ordres de notre Souverain, nous allons célébrer solennellement l'anniversaire de sa naissance, et faire l'application
la plus directe de l'exhortation de Saint-Paul,
ne saisirions-nous pas l'occasion de réunir à
nos actions de graces, les sentimens de la confiance, les mouvemens de l'amour, les pro-
messes de la fidélité?

Vous le savez, Chrétiens, des prières qui ne
consisteroient qu'en paroles, des actes religieux qui se borneroient à de vaines cérémo-
nies, ne seroient d'aucun prix devant Dieu.
C'est en esprit, c'est en vérité, que notre Père
céleste veut être adoré; il n'agrée de notre

part aucun autre sacrifice que celui de nos cœurs; et c'est en nous affermissant dans les sentiers de la religion et de la piété, qu'il nous fait recueillir le fruit de nos prières.

Mon devoir est ici de chercher à préparer vos cœurs à ces opérations de la grace divine, et je vais m'en acquitter, en vous faisant remarquer dans les objets que ce jour offre à vos méditations, des moyens de confirmer votre foi en la Providence, et votre amour pour la Patrie et pour le Monarque établi sur vous de la part de Dieu.

Puissent les paroles de ma bouche, et la méditation de mon cœur, être agréables à mon Dieu (1)! Puisse sa bénédiction se répandre sur tout ce que je proposerai à son peuple, et faire de ce jour de fête, un jour de piété. Amen!

PREMIÈRE PARTIE.

Mes Frères,

Tes yeux m'ont vu, lorsque je n'étois pas encore formé, et toutes ces choses s'écrivoient dans ton livre, au jour où elles se préparoient, et

______

(1) Pseaume XIX. 14.

lors même qu'il n'en existoit encore aucune (1) ;
c'est ainsi que le Roi Prophète exprimoit sa gra-
titude envers Dieu, en reconnoissant les voies
de sa sagesse, et en adorant les directions de
sa providence ; c'est ainsi que chacun de nous,
lorsqu'il célèbre, avec de religieuses émotions,
l'anniversaire du jour où il est entré dans le
monde, doit se prosterner devant le puissant
Créateur, qui, non content de l'appeler à
l'existence, a voulu encore déterminer d'avance
la marche de ses destinées ; c'est ainsi qu'aujourd'hui Napoléon adore celui de la main
duquel il reçut, et sa vie, et son trône, et sa
gloire, et son génie, et ses succès, et son in-
fluence. Ah ! si la même foi ne nous conduisoit
au pied des autels du Seigneur, que nous se-
rions peu dignes de paroître devant sa face
avec notre Monarque, et d'unir aux actions
de graces de l'oint de l'Eternel (2), le concert
de nos hymnes et les accords de nos cantiques
sacrés !

Quel est, mes Frères, quel est celui d'entre
nous qui, dans le grand événement dont nous
célébrons aujourd'hui l'anniversaire, ne trouve
de nouvelles raisons d'affermir dans son cœur
cette foi sainte et consolante que la parole divine

---

(1) Pseaume CXXXIX. 16.
(2) 1. Sam. XXIV. 7.

cherche partout à nous inculquer? Ici l'expérience atteste avec plus de force que les plus solides raisonnemens, la vérité de cette doctrine auguste qui nous parle des soins vigilans et de la constante protection dont nous honore la providence de Dieu; et c'est réfuter assez tous les systèmes que l'erreur lui oppose, que de vous montrer, au moment où le désordre régnoit au milieu de nous, un homme pourvu des qualités qu'il falloit posséder pour prévenir notre chute, placé dans les circonstances où son génie pouvoit se développer de la manière la plus favorable, conservé au milieu des imminens périls que son courage affronta dans le cours d'une guerre longue et meurtrière, soustrait plusieurs fois aux coups dont le menaçoient de perfides ennemis, appelé au premier trône de l'univers et environné en peu d'années d'un éclat et d'un pouvoir que les plus grands monarques n'ont jamais égalé, même après les succès multipliés des règnes les plus prospères. Quel est l'homme assez obstiné dans son aveuglement, pour oser, en réfléchissant sur une suite d'événemens aussi imposante, aussi remarquable, prononcer encore le nom du Hasard? Quel est le chrétien qui ne s'écrie à cette idée, pénétré d'admiration : c'est ici *le doigt de Dieu* (1)! C'est

____

(1) Exod. VIII. 19.

ici la trace manifeste du pouvoir de celui par qui les Rois dominent!

Mais passons de ce sujet à une thèse plus générale ; demandons - nous ce que seroit l'idée d'un Dieu séparée de celle de ces soins paternels avec lesquels il règle tout ce qui peut arriver à ses créatures ? Un Dieu sans Providence! ah, mériteroit-il le nom de Père ? sauroit-il attirer notre confiance ou gagner notre amour ? Quelles prières aurions - nous à lui adresser, si, refusant d'écouter notre voix suppliante, il ne daignoit ni nous accorder son attention, ni nous faire part de ses secours?

Dieu, dit - on, est trop grand pour que des êtres aussi chétifs que nous puissent attirer ses regards : les vastes corps produits par sa puissance, seroient seuls dignes de ses soins ; mais nous, perdus dans l'immensité de ses œuvres, quel intérêt pourrions - nous lui inspirer ? Nous sommes moins encore devant sa majesté que ne sont à nos yeux les moindres des insectes qui rampent sur la terre, et le Prophète lui-même l'a dit : *Toutes les nations sont devant lui comme une goutte qui tombe d'un seau ou comme la menue poussière d'une balance* (1). Ces objections, mes Frères, ont quelqu'apparence de raison; leur prestige éblouit, mais examinez - les avec at-

____

(1) Esaïe XL. 15.

tention, et bientôt vous en sentirez la futilité.
Toute la force que l'on croit y remarquer au
premier coup d'œil repose sur des idées abso-
lument fausses de la grandeur et de la majesté
du Très-Haut. Foibles mortels, croiriez-vous
l'avoir conçue cette grandeur, cette majesté
de l'auteur de l'être, lorsque vous l'avez com-
parée à vos pompes frivoles, à votre puissance
passagère, à vos talens bornés! Vous qui ne pou-
vez vous occuper que d'un seul objet à la fois,
vous osez partir de cette idée pour juger des vues
de celui qui d'un coup d'œil embrasse tous les
mondes; vous qui êtes en tout soumis à l'empire
du temps, vous osez prononcer sur ce que peut
faire celui qui ne connoît pas de temps; vous
qui vous en laissez imposer par la valeur appa-
rente des objets, et qui croyez souvent de la
plus haute importance ce qui n'a qu'un exté-
rieur décevant, vous osez assigner à celui qui
connoît à fond la valeur et l'utilité réelle, même
de ses moindres créatures, les objets dont il
lui convient de s'occuper! Sans doute, vous
avez raison de craindre de donner trop de temps
à des choses d'une trop foible conséquence pour
vous; l'attention que vous leur consacreriez,
vous la déroberiez à des objets qui touchent
de plus près à la sphère de votre activité, et
vous consumeriez en ces minutieuses occupa-
tions le petit nombre d'instans de vie qui vous

sont accordés; mais gardez-vous d'appliquer à Dieu cette mesure qui ne convient qu'à votre foiblesse, et de comparer le cercle restreint dans lequel vous vous agitez si souvent sans fruit, à l'action de ce pouvoir infini, que l'immensité de la création n'a jamais étonné!

D'ailleurs, mes Frères, outre cette majesté visible, que la puissance divine a manifestée à nos yeux dans la création du monde physique, et dans les innombrables merveilles dont elle a rempli le vaste espace qui nous environne, outre cette majesté, dis-je, remarquez en Dieu les richesses d'un autre genre qu'il a répandues en profusion sur le monde sensible et moral. Cette faculté de sentir et de goûter le bonheur, cette intelligence qui sait profiter de tout, ces qualités inappréciables qui distinguent les êtres capables de saisir les beautés de la vertu, et de s'élever de perfection en perfection; réfléchissez, mes Frères, sur cet important sujet, et un Monde nouveau va s'ouvrir devant vous, et étaler à vos yeux de nouveaux miracles de la sagesse de son auteur. Demandez-vous actuellement, puisque le Créateur ne pouvoit avoir besoin ni de l'un, ni de l'autre de ces deux Mondes, demandez-vous lequel des deux peut avoir été formé pour l'autre? Celui qui se compose d'êtres qui savent jouir, ou celui qui ne peut que fournir des moyens de jouissance ? Celui dont chaque membre possède la faculté de se sentir heureux, ou celui dont les parties ne peuvent éprouver ni bonheur, ni malheur, ni plaisir, ni peine ? Celui qui renferme une foule d'individus capables de réfléchir, ou celui dans lequel vous n'appercevez que des masses inanimées, qui ne peuvent ni se rendre compte de leur propre existence, ni en déduire la moindre conséquence ? Bientôt, bientôt vous remarquerez que les êtres privés de sentiment ont été créés pour les êtres sensibles, que les créatures dépourvues de raison ont été produites pour l'avantage des créatures raisonnables : vous reconnoîtrez dans ces dernières en particulier les enfans du Père céleste, et dans les autres, les possessions et les biens qu'il affecte à leur usage. Or, mes Frères, quels sont les sentimens d'un bon père ? Diroit-il, je m'occuperai de mes biens, de mes possessions, de mes affaires, et quant à mes enfans, je les laisserai vivre au hasard ? A Dieu ne plaise ! Mes enfans, mes enfans, s'écrie-t-il au contraire, c'est-là le plus cher et le plus précieux de mes biens ! En m'occupant de ce que je veux leur laisser, je n'aurai garde de les perdre eux-mêmes de vue ; tout ce qui pourra les intéresser ou les toucher, moi-même j'y prendrai le plus vif intérêt, et je m'en sentirai le plus profondément touché ; tout ce qu'ils pourront avoir à souffrir, moi-même, j'y prendrai part , et je me hâterai de les soulager dans leur douleur ; tout ce qui pourra les rendre heureux, moi-même j'y trouverai mon bonheur ! Créatures douées de raison ! véritables enfans du Très-haut ! Cet être infiniment bon qui vous envisage comme sa famille, tiendroit-il un autre langage à votre égard ? Diroit-il : les cieux sont mon trône, la terre mon marche-pied ; c'est de ces vastes corps, quoiqu'inanimés et insensibles, que je veux m'occuper exclusivement ; et les hommes, mes enfans, mon image , je les livre à toutes les erreurs, à tous les vices, où pourra les entraîner leur fragilité ? Non, non , mes Frères, un Dieu tout sage ne peut s'abuser ainsi sur la valeur réelle des œuvres de sa puissance ; il ne peut ni méconnoître ses enfans, ni les repousser de son sein paternel ; il est le père de tous, et les cris du dernier même de ceux qui peuvent l'appeler de ce nom, ne sont jamais montés vers lui sans qu'il daignât les écouter.

Et que sera-ce, lorsqu'il sera question dans les conseils de sa Providence, des destinées d'une immense multitude d'hommes ? que sera-ce, lorsque les nations émues feront retentir de leurs cris de détresse et le centre et les frontières de leur pays ? que sera-ce, lorsqu'un peuple épouvanté des désordres qui règnent dans son sein, et des orages qui le menacent, jettera plein d'effroi ses regards sur un affreux avenir? » *Gens de peu de foi*, dira la voix des » cieux, *gens de peu de foi, pourquoi avez-vous* » *peur* (1)? Il fallut déployer sur vous mes ju- » gemens les plus rigoureux pour vous éprouver » ou pour vous châtier, mais j'ai voulu vous » améliorer et non vous perdre, et je veux » maintenant vous sauver! » Et soudain, un nouvel ordre de choses a paru, la confusion a cessé, la voix tumultueuse de la discorde s'est tue, les cris de la rébellion sont venus expirer au pied d'un trône couvert de la protection divine, et les cruelles blessures que la patrie avoit reçues, ont commencé à se cicatriser. A ces marques, vous l'avez reconnue, Chrétiens, la Nation dont je veux parler, et votre cœur vous a dit: Adorez, adorez dans ces grands évé-mens, les voies évidentes d'une Providence protectrice et fidèle. Mais ce n'est pas assez, Chrétiens, d'avoir tiré de ces réflexions des motifs de reconnoissance, des mouvemens d'es-pérance et de foi, il faut en tirer encore de nouveaux motifs d'amour pour le Prince et pour la Patrie, et c'est là l'objet dont nous allons nous occuper.

______

(1) Math. VIII. 26.

DEUXIÈME PARTIE.

Si la prière n'est autre chose que l'expression de ces vœux que forme un cœur rempli de piété, de ces vœux qu'il vient présenter avec une filiale confiance au père des miséricordes, en lui disant, comme au plus fidèle ami, tout ce qui le touche, tout ce qu'il désire, tout ce qu'il espère; quels sont, Chrétiens, les vœux que nous avons à former aujourd'hui? Jetez un coup d'œil sur l'Eglise, sur l'Etat, sur le Trône, sur le précieux enfant qui doit un jour l'occuper, et concevez avec ferveur toute la grandeur des graces que vous devez solliciter de la libéralité de votre Dieu.

Sur l'Eglise.—Trois nombreuses communions en composent la majeure partie; des diversités d'opinions, confirmées par le laps de plusieurs siècles, les ont séparées, quant aux dogmes et quant à la forme extérieure : les liens même de la charité mutuelle parurent, à certaines époques, près de cesser de les unir. Pour prévenir un si grand malheur, pour éteindre, chez les uns, l'esprit de domination, chez les autres, l'esprit de défiance ; pour placer toutes les communions sous une même protection, il ne falloit rien moins qu'un monarque élevé au-dessus de tous les préjugés, et qui sût remplacer par l'exercice d'une justice impartiale , toute faveur temporaire et incertaine. Ce monarque a paru, Chrétiens ; le Souverain équitable et puissant qui nous gouverne , a voulu que tous ses sujets fussent traités avec une parfaite égalité en tout ce qui concerne leur conscience et leur culte ; sa sagesse a coordonné les diverses communions , sans les confondre , sans produire la moindre altération, ni dans leurs maximes particulières, ni dans leurs usages religieux ; et en sanctionnant leur organisation par l'une des lois fondamentales de son Empire, il a su leur communiquer une vie nouvelle. Dès ce moment, l'une de ces communions (1) vit cesser l'état de souffrance où elle avoit gémi depuis des siècles, état d'autant plus pénible, qu'elle se rappeloit cette suite d'années où, sous la protection d'un édit bienfaisant, elle avoit du moins goûté les douceurs de la paix. A peine, dans les âges subséquens, lui avoit-on permis d'exister : s'abstenir de la persécuter , s'abstenir d'entreprendre envers elle sur les droits de la divinité, c'est là ce que l'on avoit appelé *tolérer*, et l'on avoit cru faire un grand effort de sagesse et de philosophie en consentant pour toute grace à laisser à l'abandon, sous le rapport des plus

____

(1) La Communion Réformée.

précieux de leurs biens, des millions de Chrétiens et leur nombreuse jeunesse; tandis que ni
dans leurs principes, ni dans leurs usages, il
ne se trouvoit rien qui pût paroître en opposi-
tion, ni avec les institutions civiles, ni avec le
bien public. Il est vrai que la force irrésistible
de l'opinion tendoit à les venger d'un injuste
mépris, et qu'une existence légale leur fut un
instant accordée, mais la fatale indifférence
qui vint peser sur toutes les communions, atté-
nua ces heureux effets du progrès des lumières,
et le bien restoit encore à faire. Dieu le vit, et
son esprit de justice descendit sur l'homme de
son choix, lorsqu'il prononça la parole puis-
sante qui fit cesser pour jamais chez nos frères
cet état de langueur, et qui les plaça défini-
tivement au rang qu'ils doivent désormais
occuper.

Vous avez eu part à de semblables avantages,
Chrétiens évangéliques de cette capitale; tandis
que dans les pays, d'où un grand nombre d'entre vous tirent leur origine, vos coreligion-
naires jouissoient de l'heureuse liberté de conscience, de la publicité du Culte et des établis-
semens d'instruction religieuse que d'anciens
traités leur avoient garantis, tandis qu'ils
voyoient se former de nouvelles relations po-
litiques sans rien perdre des avantages dont ils

étoient en possession, et qu'ils trouvoient sous un gouvernement nouveau la protection que leur avoient autrefois accordée leurs anciens princes ou magistrats, vous au sein de la capitale, vous receviez de la libéralité à jamais bénie de deux Souverains étrangers, la manne sacrée de l'Evangile (1). Mais un père peut-il permettre que des étrangers, quelque généreux qu'ils soient, comblent ses enfans de dons qu'il est jaloux de leur dispenser lui-même? O désormais, Chrétiens évangéliques, reconnoissez avec joie dans votre Souverain, l'auguste protecteur de votre Eglise, et que vos bénédictions ne cessent de monter vers les cieux pour le Monarque bienfaisant qui vous ouvrit les portes de ce sanctuaire!

Dans la communion, dont la majeure partie de la nation professe les principes, vous voyez après de longs jours de tristesse les autels relevés, les églises réparées, la pompe du Culte rétablie; vous entendez retentir aussi dans son sein les pieux accens qui implorent sur le trône et sur celui qui l'occupe, les graces les plus réservées des cieux. Partout vous voyez fleurir les utiles institutions où se forment les ministres

---

(1) Dans les chapelles royales d'ambassade de Suède et de Dannemarc.

futurs des communions diverses, partout vous découvrez de nouveaux gages de la paix, du salut et de la prospérité du royaume de Jésus-Christ! O faites des vœux, Chrétiens, pour la continuation et pour l'affermissement de ce grand ouvrage, faites des vœux pour que le pouvoir délégué de la part de Dieu, aux Princes de la terre, serve à jamais aux progrès de son règne spirituel!

Mais l'Etat! —Le bien-être et la sûreté de chaque citoyen, l'administration de la justice, le maintien des lois, la gloire de la patrie! quels biens encore à reconnoître en ce jour, mes Frères, quels importans objets de nos vœux! Et quel est le peuple qui n'ait mille fois réuni ses prieres pour implorer de la faveur du Très-Haut de semblables bienfaits! *Donne tes lois,* disoit déjà David dans ses cantiques, *donne tes lois au Roi, Seigneur, donne tes statuts au fils du Roi; qu'il rende justice à ses sujets qui crient à lui, qu'il soulage les malheureux et qu'il les délivre de la main de l'oppresseur* (1)! Déjà elle a été exaucée, mes Frères, cette prière qu'avec nous tant de milliers de nos compatriotes adressèrent au ciel; ils ont cessé ces jours de détresse où l'esprit de parti tenoit lieu de justice, où

---

(1) Pseaume LXXII.

la vengeance et la cruauté avoient usurpé
la place d'une sévérité bien entendue; déjà
par la réunion de toutes les lumières dont
il lui fut possible de s'entourer, notre Souverain à fixé le code de ses lois et l'administration de la justice à ses peuples; *déjà la
création est terminée*, disoit naguères l'un
des premiers magistrats de l'Empire, *et la
vie commence*. O qu'elle soit heureuse cette
vie préparée par tant de travaux, par tant
de soins! Que partout le crime tremble et
que la vertu triomphe! Qu'elle s'accomplisse
de plus en plus, cette prière que dans cha-
cune de nos réunions religieuses, nous adres-
sons à Dieu, et que nous lui adresserons encore aujourd'hui, en redoublant d'ardeur :
*Fais, Seigneur, fais que sous les auspices de
ceux qui nous gouvernent, on voie régner parmi
nous les bonnes mœurs et toutes les vertus!*..

N'en doutez pas, Chrétiens, c'est de l'observation de cet ordre intérieur; c'est de l'affec-
tion dont chaque citoyen sera pénétré pour
les institutions de son pays, de la soumission
qu'il témoignera envers ses Supérieurs et de
la scrupuleuse exactitude avec laquelle il se
disposera toujours à répondre aux intentions
manifestées par son Souverain; c'est de-là que
naîtra cette unité de sentimens, de vœux et

d'efforts qui fera en quelque sorte du peuple en-
tier *un seul homme* (1) ; c'est de-là que résultera
cette force inébranlable, cette gloire que rien
ne pourra jamais ternir, ce respect enfin, qui
contiendra quiconque voudroit essayer de trou-
bler notre paix.

Elle aussi, elle paroîtra au jour que les dé-
crets de la Providence ont déjà déterminé, cette
paix que nos vœux appellent ; elle viendra met-
tre fin à cette lutte cruelle, qui depuis si long-
temps ensanglante la terre, et c'est dans son sein
que le Royal Enfant sur lequel reposent les plus
douces espérances, recevra les leçons de la sagesse. Heureux jours, où la concorde com-
blera l'univers de ses biens ! où de toutes parts
les canaux de l'abondance se rouvriront et
couleront d'autant plus long-temps que les
droits des nations auront été plus solidement
fixés ! Heureux jours, quand viendrez - vous
consoler le monde !

Mais que dis-je ? quelle impatience, quelle
inquiétude vient ici s'emparer de nos cœurs !
N'avons-nous pas entendu cette voix divine :
*Mes pensées ne sont pas vos pensées, et mes
voies ne sont pas vos voies* (2) ? et pour nous ras-

---

(1) 1. Sam. XI. 7.
(2) Esaie. LV. 8.

surer, ne doit-il pas nous suffire que le Dieu des miséricordes nous ait accordé dans la naissance de l'héritier de l'Empire un nouveau gage de sa paternelle bienveillance ? O que cet anniversaire de la naissance de notre auguste Monarque soit pour nous une nouvelle occasion de célébrer celle du fils que la Providence a daigné accorder à ses souhaits, et que les plus ardens de nos vœux se réunissent sur tous les membres de la famille impériale ! Qu'il croisse, ce précieux enfant, à l'ombre des lauriers de son père, et sous les yeux de la plus heureuse des mères ! Que le concert des nations rendues au bonheur, environne son berceau ! Qu'il s'élève pour être l'appui des opprimés, le protecteur des foibles, l'ami de la vérité et des lumières, le soutien de la prospérité publique, le garant de la paix du monde ! Qu'il s'élève pour être un Prince *selon le cœur de l'Eternel* (1), et pour continuer à notre postérité à qui nous transmettrons en héritage nos principes religieux, les bienfaits dont l'auteur de ses jours nous fait jouir !

Redoublez, Chrétiens, redoublez la ferveur de vos prières ; suppliez l'Eternel de prolonger la vie de votre Souverain qui doit instruire dans le grand art de régner le Souverain futur

----

(1) Act. XIII. 22.

de vos enfans; suppliez l'Eternel de daigner l'assister toujours de son esprit de conseil et de force, de sagesse et de prévoyance ; suppliez l'Eternel de lui faire goûter dans le bonheur de son auguste épouse, dans le développement rapide des facultés de cet enfant, objet de ses plus chères affections, dans la prospérité de son Empire et dans le respect des nations, tous les genres de félicité auxquels puisse aspirer un époux, un père, un Monarque.

AMEN.

de vos enfans; suppliez l'Éternel de daigner
l'assister toujours de son esprit de conseil et de
force, de sagesse et de prévoyance; suppliez
l'Éternel de lui faire goûter dans le bonheur
de son auguste épouse, dans le développement
rapide des facultés de cet enfant, objet de ses
plus chères affections, dans la prospérité de son
Empire et dans le respect des nations, tous les
genres de félicité auxquels puisse aspirer un
bon un père, un Monarque.

AMEN.